홀가분해서 오히려 충분한

김제숙 시집

시인동네 시인선 158   김제숙 시집

홀가분해서 오히려 충분한

시인동네

시인의 말

어쩌다 보니 엄마보다 나이를 더 먹었다.
길을 가다가도 밥을 먹다가도 자주 목이 멘다.
새로 생긴 증상이다.

낯가림을 버텨내고 첫 시집을 엮는다.

저 위에서,
여전히 내 삶을 들여다보고 계실 분께
경배 드린다.

2021년 8월
김제숙

차례

시인의 말

제1부

갈등 · 13

그 여름의 맨드라미 · 14

햄버거 사회학 · 15

지도를 버리다 · 16

어떤 위로 · 18

달방 있어요 · 19

뻔하지만 뻔하지 않은 · 20

일월 · 21

밑줄 사용처 · 22

출사표와 사표 사이 · 23

벚꽃, 만개하다 · 24

울컥 · 25

칸나 · 26

팔월 · 27

민중, 봉기하다 · 28

제2부

경고 · 31

저녁의 서재 · 32

시인의 변명 · 34

쑥 · 35

ON · 36

수상한 태기 · 38

수인번호 3612 · 39

변검 너머 · 40

중고의 위로 · 42

불청객 접대비 · 43

추상화를 읽는 시간 · 44

맨드라미 · 46

구월 · 47

생존의 방식 · 48

청춘 한 봉지 · 50

제3부

에스프레소와 마카롱 · 53

맨드라미 2 · 54

오후 세 시 · 55

찰라 · 56

칸나 2 · 57

백일홍 · 58

가는 동백 · 59

숲에 대한 예의 · 60

절정, 모란 · 61

꽃의 생애 · 62

꽃, 등고선 · 63

유월 꽃밭 · 64

하지 · 65

봄, 신상 · 66

제4부

저마다 · 69

늙은 냉장고 · 70

영천 외숙모 · 71

저녁을 굽다 · 72

대답의 방식 · 73

실종 · 74

폭우 · 75

몸을 말리다 · 76

心술 · 78

구구절절 · 79

그리움 · 80

십일월 · 81

넛지 효과 · 82

홀가분해서 오히려 충분한 · 84

제5부

겸손한 저녁 · 87

몸살 · 88

우표 · 89

중앙동 우체국 · 90

나도 까막눈 · 91

십이월 · 92

대설 · 93

감기 · 94

착한 소망 · 95

생일 후기 · 96

동지 · 97

툭 · 98

문고판 · 99

시인이라면 서부영화처럼 · 100

시큰둥 · 101

시인의 마을 · 102

해설 심금을 앉히는 글쓰기 · 103
    신상조(문학평론가)

제1부

갈등

내용과 형식은 알맞을 때 사이가 좋다
굳게 다문 형식과 분방한 내용들

긴 혀로 저울질하자
경계가 흔들린다

은유로 가려진 복선에 맞서보지만
내 가난한 용기는 여전히 열세다

균형은 일방적이어서
구설을 낳는다

매이고 싶거나 벗어나고 싶거나
충돌하는 욕망들은 행간에 숨어서

완벽한 결말을 향해
반전을 꿈꾼다

그 여름의 맨드라미

복면 쓴 자객의 잘 벼린 비수이거나

미처 꺼내지 못한 몸속의 불씨이거나

오래전 미리 써두었던 붉은 묘비명이거나

햄버거 사회학

몽골초원 내달리던 유목의 전사들
말갈기 휘날리며 신출귀몰 전쟁 중에
허기를 달랠 때 먹던 말안장 스테이크*

천 년의 세월 돌아 여기 디지털 유목민
전사의 허벅지 대신 핏발 선 눈들이
손에 쥔 신호 하나로 사막을 건넌다

서열 매기는 사회 밀려나는 청춘들
시린 꿈 등에 메고 불면을 재촉하며
발 하나 놓을 곳 찾아 몸피를 줄인다

삶의 온도 잃어버린 익명의 세대에게
천군만마 호령하던 함성은 전설일 뿐
무심한 패스트푸드는, 존엄한 위로다

---

*몽골의 전사들은 질긴 말고기를 말안장 아래에 넣고 다니며 부드럽게 해서 식량으로 사용하였다.

지도를 버리다

풀어놓은 시간을
되감으며 오는 길

길이 너무 많아서 그만 길에 갇혔다

다 해진
낮달 지우며
가파르게 날은 기울고

은유와 직유 사이
오랫동안 헤매며

삶의 기술인 양 세워놓은 표식들에

오히려
마음을 빼앗겨
향방을 잃는다

미로를 서성이며
암중모색 헤아리다

지도를 버리고 신호마저 접는다

<u>스스로</u>
촉수 더듬어
길을 찾는 낡은 몸

어떤 위로

발밑 허물어져 기우뚱 서 있던 날

더운 밥 한 그릇
네 귀 반듯한 이부자리

수면제 반 알 내밀며
전등 스위치 내리던, 그녀

달방 있어요

그 흔한 러브도 외면하는 낡은 모텔
골목 한 귀퉁이 찢긴 현수막, 달방 있어요
한 달씩 끊어야 잇는
열두 칸
달의 방

허기진 생존이 남은 촉수 길게 뻗어
절며절며 당도한 아득한 저 변방
달빛도 등이 굽은 채
서성대는
익명의 섬

뻔하지만 뻔하지 않은
— 시작(詩作)

삶은 통속이야 그게 뭐 어때서
굳세어라 금순아
홍도야 우지 마라
노랫말 심금(心琴) 울리는 희로애락 대서사시

저마다 다 다른 적나라한 삶의 이력
단도직입은 재미없어
내숭도 곤란해
언어의 맥박 짚어가며 심금(心襟)에 앉혀야 해

일월

아직 봉인된 시간
밀서가 당도했다

생의 낱장 이어갈
은밀한 단서 품고

신새벽
어둠을 제치며

경계를
넘어서는

밑줄 사용처

한 자락 달빛 당겨 머리맡에 걸어두고

읽던 책 펼쳐서 떠듬떠듬 길을 가다

내 삶의 빈 행간 채울 밑줄을 긋는다

한눈팔다 깨진 무릎 상처가 저문 저녁

난독의 삶 어디쯤에 밑줄을 그었던가

헛꽃만 피었다 스러진 내 사유의 빈집

기울은 어깨 위에 허기 한 채 얹고서

다 닳은 더듬이로 하나씩 되짚어 가며

접어둔 밑줄을 꺼내 내 미망을 꿰맨다

출사표와 사표 사이

어지러운 꿈자리 서둘러 봉인하고
아침이면 호기롭게 출사표를 던진다
세상의 한 귀퉁이를 너끈히 받치리라

짐승의 목구멍 블랙홀로 빨려들어
뼈마디 접어 순간이동 전쟁터에 내몰렸다
일상은 낮은 포복으로 생존을 향해 간다

한계에 도전하라 내몰린 전사들
가쁜 숨 몰아쉬며 지친 영혼 기다린다
내일은 살아야겠다 던진 사표, 꿈이다

벚꽃, 만개하다

쥐도 새도 모르게 조달된 군자금으로
몸피를 부풀리며 세력을 확장한다

이때를 기다려왔다,
일시에 전면전이다

쏟아지는 봄볕에 경계가 헐거워져
닫아건 몸의 빗장 거짓말처럼 무장해제

마음을 놓쳐버렸다,
황홀한 봄의 전쟁

울컥

이제 갔나 돌아서면
다시 와 두드리는

낡은 사랑 하나가 명치에 걸려 있다

심장에
녹아 있던 곡(哭)

각혈처럼 쏟아진다

칸나

닿지 못할 인연을
속으로 삭이다가

기어이 터져버린
한여름 타는 절규

저 몸짓
불안한 전율

핏빛으로
녹아내린

팔월

서성이는 미련을 끌고 온 거친 맨발
훗날의 기약하자 한여름 밤 꿈같은 꿈

신열을 지우며 가는
그 여름의 뒷목

민중, 봉기하다

언 땅 아래에도 뜨거운 심장이 있다

이마 위 서리칼날 알몸으로 받아내고
흰 무명 불끈 말아 쥔

눈부신
맨주먹들

폭죽처럼 치솟는 소리 없는 함성에
일격 당한 하늘이 빗장 풀고 항복하면

천지는 그만 무장해제

환한 봄
출격이다

제2부

경고

마음이 살지 않는 빈집은 철거합니다
진심 없는 간보기는 과감히 사절합니다
포장만 요란한 사랑은 영원히 결별입니다

여적 못 꺼낸 마음 버스 그만 떠납니다
쟁여놓은 시간들 유효기간 코앞입니다
인생은 리바이벌이 없습니다, 결단코!

저녁의 서재

즐거운 문장으로 문장을 꿈꿨어요
잘 벼린 언어로 길을 내고 싶었어요
밑줄을 허들 삼아서 장애물을 넘었어요

삶은 그저 몇 줄 서사로 표기되진 않는데
깨달음은 왜 이리 게으르게 오는지요

욕망을 키우는 사이
헛맹세만 가득하네요

오랜 방황 끝내고 서가로 돌아오니
읽고 나서 잊어버린 말의 씨앗들이
곡진한 슬픔으로 자라 위로의 말을 건네네요

수식어를 지운 문장에 방점을 찍을래요
행간이 들려줄 전설을 기대해요

순결한

시간 한 권만

제단 위에
펼쳐둘래요

시인의 변명

무장을 강요하는 이 무장한 시대에
무장에 무심한 변방에 사는 이가
일상을 한 장씩 넘기며
힘을 빼고 쓰는 시

가벼운 일별로만 쓰윽 읽어내도
밖을 겨눈 칼끝 거두는 비무장을 위해서
칼보다 강하다는 펜,
그 펜을 벼린다

쑥

첫 행을 쓰고 싶어 겨우내 들썩였다
땅의 경계 헐거워지자 맨 먼저 솟아나서

저기 저 들판을 깨우는

봄의 필력
초록 뿔들

ON

약육강식 세상이다
경계를 늦추지 말 것

내몰린 싸움터에 갈기 세워 떠돌다가

젖은 몸 누이는 곳은
언제나 그 자리

밥 한 공기 물 한 대접 꽁치구이 한 토막
돌림병에 명줄 잡힌 여섯 살 난 딸자식
한술 밥 눈물로 먹이던
서른 살 젊은 엄마

목숨줄 덧대어
어느덧 서른의 곱

다 닳은 발톱으로 다시 맞는 아침이면

여섯 살 그 언저리에
충전기를 꽂는다

수상한 태기

시인 영감이 쓴 시집 한 권 읽었더니

그토록 기다리던 영감이 다가왔다

이 영감 잘 품었다가 낳고 싶구나, 멋진 시!

수인번호 3612[*]

안 그런 척 시침 떼도
수상한 두근거림
늦게 배운 도둑질 닫힌 문 앞 기웃대다

치명적 유혹에 그만,
걸려들고 말았어요

말의 빗장 풀어서
오랜 허기 달래고파
세상의 책장 넘기며 더듬는 삶의 지문

날마다 수인번호인 양
3612 달고 살아요

---

*시조의 형식인 3장 6구 12음보에서 따옴.

변검 너머

몸도 점점 낡아지니 할 수 있는 일도 줄어
애꿎은 머리카락만 수난의 시절 사는

한 번도 안 해본 스타일
낯선 이가
나라고 우기네

시간이 지나면 머리카락은 자라겠지만
이미 들어앉은 낯선 너와 친하기엔

가파른 세월만큼이나
마음 더
가파르네

다양한 얼굴로 살아온 얼굴들 중
무엇이 내 것인지 알 수 없어 서성대던

그 시간 당겨 안으며

나는 다시
너를 낳네

중고의 위로

한 묶음 말들이 택배 타고 도착했다
원시를 항해하며 낚아 올린 사유들

오래된 항구에 다다라
묵은 시간 부린다

날(刀) 세운 날(日) 위에 하루를 저어갈 땐
심장마저 힘주어 팽팽하게 당겼다

날것의 비린내조차
온몸 저미던 시절 지나

펄떡이는 철자법에 버히지도 못할
모가 깎인 세월을 품어 안은 중고 책들

헐거운 행간 위에다
낡은 여자를 뉘인다

불청객 접대비

통장의 숫자들이 살짝 무거워졌다
불면을 뒤척이며 말의 하소연 들어준 값
돈에도 눈이 있단다, 방심은 금물이다

아니나 다를까 손님이 찾아왔다
찾아온 방문객을 가려 받을 순 없지
몇십 년 등짐 진 청구서 슬며시 들이민다

방울방울 수액으로 어깨뼈 푸는 동안
나만큼 외로웠을 몸의 말을 듣는다
기꺼이 지불하리라, 불청객 접대비

추상화를 읽는 시간

아이의 황칠인 듯 천재의 광기인 듯

처음도 나중도 알 수 없는 아우성

읽는 법 골몰했지만

잊은 듯 잊어버렸다

겹겹의 바람 소리 오래도록 건너면서

젖은 걸음 말리느라 어느덧 저문 시간

슬며시 다가와 앉는

그리움의 등을 쓴다

속도를 줄이자 더 깊어진 생의 온기

오래 입어온 남루가 편안해진 지금에야

젊은 날 그 자리에 두고 온

눈물까지 보인다

맨드라미

울면서
잠든 밤

투구 쓰고
나타났다

고향집 꽃밭에서
보초 서던 근위병

아버지,
언제나 내 편이던

생시인 듯
환한 웃음

구월

무거운 청춘을 차라리
벗어버리니

빈 가슴에 안기는
육필 편지 같은 계절

소리도
소문도 없이

가만히
접선하는

생존의 방식

걸어서 세계 속으로*
화면 속 중동 여인
바람벽에 매달린
형형색색 실 가닥으로

굳은살 섞어가면서
한 생애를 짜고 있다

극동의 한쪽 나라
화면 밖의 한 여인
허공에 떠다니는
말들을 건져다가

끈질긴 허기 달래려
글밥을 짓고 있다

씻어 걸어둔 맨발을
새벽이면 꺼내 신고

아직도 엎드려
아픈 소리 내는 길을

흔들어 깨워서라도
가야 할 세계가 있다

---

*TV 여행 프로그램.

청춘 한 봉지

늦은 밤 울먹이는 전화 발밑이 꺼진다
날기도 전 사그라드는 청춘의 꺾인 어깨
괜찮다 다 괜찮다던
그 말은
주문(呪文)이었나

한입 가득 울음 물고 찬거리 기웃대니
초여름 햇살 꽂히는 따가운 좌판 위에
팔리길 기다리면서
기약 없는
햇사과

봉지에 갇혀 있는 아직 푸른 과일이
두세 평 고시원에 유배당한 젊음 같아
목울대 넘는 뜨거움
울컥 사 든
청춘 한 봉지

제3부

에스프레소와 마카롱

인생의 쓴맛을 보여주마, 떨고 있니?
게으름 무관심 무례함 문제 회피

게다가 사랑을 외면한
죄까지 더해졌다

한 모금 에스프레소 지옥처럼 쓰지만
함께 나온 마카롱은 마법의 묘약이지

반전은 언제나 있다

삶의 묘미,
신의 한 수

맨드라미 2

선혈이 낭자한 전장을 건너왔나

한사코 살아남아 피워낸
붉은 심장

강철의 햇빛 아래서
담금질하는
이생

무람없는 칼날에 마음을 베여도
아무 일 없는 듯이
허리 곧추 세운다

잘 삭힌 시간 한 다발
빛나는 전리품

오후 세 시

이미 늦은 밝음도
너무 이른 어둠도 아닌
누구에겐 느긋함
누구에겐 조바심

그만한
그저 그만한
마음먹기 나름인 시간

찰라

연분홍 수작은 가벼워서 죄가 없다

다 늙은 아낙의 젊은 샛서방 같은

불온한 수군거림이 담을 넘는 그 시간

칸나 2

정수리 들이붓는
무차별 햇빛 공습

사방은 일시정지 초토화된 여름 한낮

끝끝내 허리 곧추 세우는
저 자존의
칸(Khan)
나

백일홍

재회의 목전에서
목숨 툭 던져버린

그 슬픈 어긋남은
전설로나 남아서

백 일을 세상에 머물며
낙관을 찍고 있는

가는 동백

한 겹 두 겹
걷어내도

스스로
깊어져

맨살에
다시 돋는

가혹한
그리움 한 점

저 혼자
달아올랐다

투신하는
붉은 심장

숲에 대한 예의

숲에 들어가면 갖춰야 할 예의 있지
위선의 단추 풀어 맨가슴 열어놓고

온전히 흔들려야지
나뭇잎 장단 맞춰

산수화 화폭에다 부은 발목 벗어놓고
소금 절은 이마가 고요해질 때까지

지친 길 앉혀두고서
낮꿈을 꾸어야지

절정, 모란

옷소매 잡아끌고
옆구리 찔러대도

묵묵부답 춘정에
나 갈라네, 최후통첩

여깄다,
선심 쓰는 봄

자줏빛
함박웃음

꽃의 생애

신열에 들떠서 뒤척이길 여러 날

두 개의 산봉우리 은밀히 일어서고

아득한 심연 속에서 꽃문이 열렸다

볼세라 들킬세라 안으로만 디밀어도

다달이 찾아와서 흥건히 피워내며

조금씩 부풀어가는 생의 오르가즘

생명을 품고 기른 둥근 우주 깊숙이

이제는 낡은 허기 한 줌씩 메워 가며

빛바랜 꽃잎을 접어 고요에 드는 저녁

꽃, 등고선

더운 피
그예 못 참고
야반도주 뜨거운 몸

수소문 해보니
북쪽으로
가는 중이란다

한순간
더운 숨결에

가슴마저
허물어졌단다

유월 꽃밭

문전성시 접시꽃
자리다툼 백일홍

다녀가신 할미꽃
대기 중인 해바라기

너댓 평 나의 근황은 시끌벅적 성업 중

하지

태양은 하늘을
꼼짝없이 움켜쥐고

오래 말라 여윈 몸
높이 걸린 붉은 맹세

목이 긴 한낮의 정적
깜빡 조는 해바라기

봄, 신상

어깨에 바람 넣고
흰 발목 높여 신고

철 지난 가면일랑
무대 뒤에 던져두고

한 번쯤 어깃장 놓아
염문이나 뿌려볼까

제4부

저마다

옷의 속살에는 바늘의 흔적이 있다 새들의 뼛속에는 바람의 지도가 있다 잘 마른 마음 들치면 한뎃잠 냄새가 있다

말간 얼굴에는 눈물 젖은 시간이 있다 움켜쥔 지문에는 헤쳐 온 파도가 있다

저마다
발목을 적시며
맨몸으로
건너는
생

늙은 냉장고

다 해진 냉장고가 연신 갸릉거린다
평생 냉골로 살며 끌어안은 지병인 듯
심장을 오만팔천 원에 갈아 끼워 이은 수명

한평생 해소 천식 달고 사신 친정엄마
가슴에 훈기 한번 지펴드리지 못한 채
오월의 카네이션이 후회로 서늘하다

영천 외숙모

입 하나도 무섭던 저 너머 유년 시절 사촌들 우르르 곳간 너른 외갓집으로 치마폭 벌려서 맞던 속없는 외숙모

디딜방아 찧을 때 선을 보인 외숙모는 한쪽 시선 비껴 앉은 살짝 사팔뜨기 기막힌 술 빚는 솜씨로 쫓겨나지 않았단다

논마지기로 맞바꾼 삶 어깨로 져 나르며 고단한 노동을 이야기로 풀어내던 담 아래 끊임없이 피던 봉숭아 같던 이

마른버짐 사라지면 방학의 끝자락 몰래 끓인 닭죽을 정지*에서 먹이다가 헤퍼서 빌어먹을 년 시아버지 불호령

고만고만 남루하고 외롭던 어린 시절 여름 겨울 함께한 그 빛나는 추억들은 지금도 만병통치약, 외숙모표 상비약

---

*'부엌'의 경상도 사투리.

저녁을 굽다

모서리가 다 닳은 빈 벽을 싣고 와서
다시금 등을 누일 새 거처에 두른다

덜 삭은 한 줌 욕망도 머리맡에 걸쳐둔다

나보다 먼저 와 빈집을 서성대던
허기진 허기가 마음을 어지럽혀

저무는 오늘을 꺼내 식탁을 차린다

그만 버려야지 묶어둔 삶의 조각
낡루에 헹구어 기어이 다시 건다

탈골된 흰 언어 몇 개로 저녁을 굽는다

대답의 방식

—아들

줄이고 또 줄여서 석 줄로 날렸더니
천리 길 지척인 양 카톡 답 금세 온다
넘치는 어미의 마음 한 글자 무심한 답, 응

—남편

지척에 두고도 두어 단어 조합하여
직선을 보내니 곡선으로 오는 반응
매사에 담벼락 같던 남자의 외로움일까

실종

325 고객님 248 대기번호
2105 입주민 4623 쓰시는 분

숫자에 갇혀버렸다

어디에도

없는

나

폭우

직립의
시간들이
어깨를 후려친다

너무 오래였나
인기척 멀리한 삶

회초리
뜨거운 맛에
등불 다시 내다 거는

몸을 말리다

한의원 침상 위에
시린 등 내려놓고

수천 가닥 바늘 침
마디마디 세우니

들끓던 아우성 먼저
고요하게 눕는다

한 올의 슬픔조차
내보내지 못해서

수천 송이 눈물꽃
그렁그렁 피었는지

참았던 환상통들이
맨가슴에 울먹인다

젖은 앞섶 움켜쥔 채
출렁이며 건너온

수천 조각 시간들
바람에 걸어두니

비로소 헐거워진 몸,
마른 뼈로 다시 선다

心술*

오늘이 너무 겨워 한잔 생각 간절할 때
처진 어깨 걸치고 집 앞 슈퍼로 간다

마음에 확 안기는 심술
일회용 카타르시스

---
*술 상표.

구구절절

몸에 익은 길 가다가 가욋길 들었더니

잠깐 한눈파는 사이 허방을 디디었네

인생길 이런 맛도 있어야 이야기책 재미나지

그리움

읽다 만 책모서리 가만히 접어두듯

당신의 가슴에도 갈피 하나 물려둡니다

무연한 세월 끝자락

외로 걸린

솟대 하나

십일월

몇 계절을 걸어온 발 부르튼 바람이

못 지킨 약속을 빈 벽에 걸어두고

마른 혀 씹어가면서 자술서 쓰는 시간

넛지 효과*

1
도로 위의 출구 표시
분홍선, 초록선,
더듬이가 부실해도
헛발질 않는다
누군가 친절한 발상
돋보이는 아이디어

2
무심한 척 두른 스카프
눈 가는 멋이 되듯
강하고 부드러운
눈부신 미소는
한 생애 긴긴 노정에
든든한 지원군

3
글 골목 서성대다

그어놓은 밑줄들
햇살 아래 노닐 땐
보이지도 않지만
어둠 속 더듬거리면
등불 되어 앞장서는

---

*'넛지(nudge)'는 옆구리를 슬쩍 찌른다는 뜻으로, 작은 것으로 큰 효과를 낼 때 주로 쓰이는 말.

홀가분해서 오히려 충분한

토씨 하나도 아까워
쟁여두던 시절 지나

어제는 형용사
오늘은 부사와 결별

몇 개의
동사만으로

오히려
충분한 삶

제5부

겸손한 저녁

낮 동안
호기롭게

내다버린
말들을

허기진
저녁이면

허리 숙여
줍는다

달빛에
헹구어 건져낸

남루한
삶의 궤적

몸살

꺼내지도 못한 마음 목까지 차올라
한 대접 달빛 냉수 돌아누워 들이켜도

둥둥둥 다급한 북소리,
온몸이 북이다

그 사랑 막아보려 엎드려 숨죽이니
군홧발 진군에 심장이 터지고서야

마침내 무조건 투항,
흔들림이 멈춘다

우표

지나는 바람 편에 작은 입술 보냅니다

나 여적 그 자리에 그제인 양 그렇게

하세월 목마른 기별 세고 또 셉니다

중앙동 우체국

특별할 것도 없는 행정구역, 중앙동
통영의 그곳은 아름답고 애절한 곳
진홍빛 양귀비꽃으로 피어나는 그리움

눈앞에 두고서도 절절 끓는 그리움
못 부친 연서를 마음에 품은 이들이
한 번쯤 가슴 뛰는 사랑을 다시 꿈꾸는, 그곳

나도 까막눈

문해 교육 할머니
달팽이 걸음걸음
예전엔 '개조심'을 '사글세'로 보았단다
상처로 남은 사연들
얼룩진 낡은 공책

글줄이나 읽은 나도
만화방창 들판에선
무조건 노란 꽃 빨간 꽃으로 부른다
도토리 키 재는 소리
잘난 척 좀
그만해

십이월

불안한 전황 속에 무차별 난수표
실패의 시간들을 무기처럼 허리에 차고

못 이룬 혁명에의 꿈
국경을 넘는다

대설

하늘 빗장 열린 듯 밤이 쏟아지는 소리

종아리 부풀리며 외로움 키를 키우는 소리

찻잔 속 말린 박하 잎 무심히 몸 푸는 소리

감기

아플 만큼 아파야 자리 털고 일어난다니

명치 아래 눌러놓은
지병도 그러할까

고열에 등 깊이 담그니
얼굴 내미는 묵은 통증

불려나온 생의 조각 낱낱이 읽으면서

가슴의 밧줄 풀고
숨길을 헤집는다

세상사 닫아걸고서
신(神)의 전언 듣는 시간

착한 소망

한 해의 끝자락을
낙전인 양 주워 들고
곱하기 나누기 더하기 빼기,
또 빼기

못 끝낸 사칙연산에
머릿속이 복잡하다

군살 없는 숫자들을
세고 또 세어 봐도
연중무휴 다이어트에
중증 빈혈인 듯

새해에
갖고 싶은 것,
뚱뚱한 지갑 하나

생일 후기

숫자마저 아리송한 해마다 맞는 생일
헐거운 흑백화면에 느닷없는 총천연색
어머나, 환한 감탄사로 속임수를 속여 둔다

화사한 조명도 잠깐의 호사일 뿐
겹겹이 옭아맨 단단한 위선의 철사
동여맨 아름다움 뒤에 숨죽인 통증들

꽃다발 해체하고 화장을 지운다
콜셋으로 눌러놓은 허영마저 풀고 나니
비로소 아침까지 주어진, 시들어갈 자유

동지

먹지 댄 듯 검은 밤
더디 이우는 밤

자진하지 못하는
울먹이는 외사랑

흥건한 저 어둠 속에
목젖을 풀어놓는

툭

저 너머 유년의 뜰 풋감 떨어지는 소리

서른 번도 더 읽은 소설책 흥미 잃는 소리

첫사랑 미련 한 자락 옆구리 찌르는 소리

문고판

도도하고 화려한 전집류 사이에

구색인 듯 끼여 있는 손바닥 작은 책

에움길 쉼 없이 걸어온 내 인생의 거푸집

시인이라면 서부영화처럼

1
말을 타고 등장한 외로운 총잡이
죽지 않는 주인공은 악당을 제압한 뒤
또 다른 정의를 찾아서 석양을 향해 떠난다

2
어벤져스 시대의 외로운 총잡이들
죽지 않는 시인은 위대한 꿈을 꾼다
세상의 어둠을 향해 쏘아 올리는 말랑한 총알

시큰둥

 가령 기대와 배반 같은 서로 다른 것들로 직조해 가는 것이 삶이라 속여 둔다지만 삶 또한 한 편의 서사시라 말할 수 있잖은가

 세상의 말석에서 말들을 넘보지만 혼신의 구애에도 반응들이 신통찮다 그래도 이 한 단어는 건졌다, 시큰둥

시인의 마을

다 늦은 저녁답에 이사 온 낯선 동네
몇 안 되는 말의 세간 빈방에다 부린다

잘 익은 귤빛 등불이
창문마다 걸려 있다

일상에서 건져낸 마른 뼈를 추려서
날마다 말의 집을 지었다가 허무는

그 숱한 밤을 쌓으면
내 창에도 어쩌면

해설

심금을 앉히는 글쓰기

신상조(문학평론가)

1.

"어린 날, 해어름. 장바닥에 서던 허술한 모습의 노인. 그 까칠한 손에 들려 흐느끼던 지금은 없는 풍물시(風物詩) 같은 해금. 늦가을, 농촌이며 사방 십 리, 어디서나 지금도 들릴 듯 들릴 듯…… 아, 그런 해금 소리 같은 시를 쓰고 싶다."라고 한 이는 눈물의 시인 박용래다. '풍물시'란 풍물을 노래한 시를 말한다. 그런 풍물시 같은 해금. 그리고 그 해금 같은 시. 해어름을 배경으로 한, 통속적 흐느낌이 불러일으키는 정서적 울림이 거의 전부인 시. 시인은 다만 이런 시를 쓰고 싶었다는 말일까?

미에 대한 판단을 주관성에 입각하여 생각할 때 제기되는 문제는 바로 이 주관성 내에서 무엇을 미의 기준으로 삼는가 이다. 우리가 감정을 미학적 원리로 세우게 된다면 풍물시 같은 해금 소리는 분명 미학적 지위를 획득할 터이다. 반면 우리가 감정의 섬세함을 무시한 채 형식과 내용만을 이성적으로 판단할 때, 풍물시 같은 해금 소리는 예술로서 그리 높은 점수를 얻지 못할 가능성이 크다. "취미와 색깔에 대해서는 논쟁하지 않는다. 그런데 사람들은 오로지 이것만 하고 있다."라고 니체가 비판했음에도 불구하고 우리는 미학이 가지는 지위의 문제로부터 언제든 자유롭지 못하다. 즉 풍물시 같은 해금 소리는 우리의 이성적 판단으로 봐서 지나치게 통속적인 것이다.

한편으로 염세주의자에게 '통속'은 현실에 대한 좌절과 고뇌, 불안의식을 뒷받침하는 근거가 된다. "인생은 외롭지도 않고 그저 잡지의 표지처럼 통속하거늘 한탄할 그 무엇이 무서워서 우리는 떠나는 것일까."라고 노래했던 박인환에게 '통속'은 전후(戰後)의 절망적 현실과 등가를 이루는 단어였다. 표면적으로는 인생이 통속적이므로 떠날 이유가 없다고 하는 이 시는, 아이러니하게도 평자들로부터 통속적이고 경박한 멋을 부린 시라는 혹평을 듣기도 한다. 이래저래 '통속'은 문제적인 모양이다.

하지만 여기 "삶은 통속이야 그게 뭐 어때서"라고 질문하는 시가 있다. 이 시의 부제는 '시작(詩作)'이다. 때문에 삶에 대한 인식은 물론이려니와 심미적 취향이 이성보다 심정의 문제라는 도전적 태도가 느껴진다. 불안의식이나 허무주의 등은 도무지 발붙일 수 없는 긍정형의 질문이기도 하다. 김제숙 시인의 시세계를 짐작하기에 좋은 작품이라 여겨져 여기서부터 이야기를 시작하려 한다.

> 삶은 통속이야 그게 뭐 어때서
> 굳세어라 금순아
> 홍도야 우지 마라
> 노랫말 심금(心琴) 울리는 희로애락 대서사시
>
> 저마다 다 다른 적나라한 삶의 이력
> 단도직입은 재미없어
> 내숭도 곤란해
> 언어의 맥박 짚어가며 심금(心襟)에 앉혀야 해
> ―「뻔하지만 뻔하지 않은―시작(詩作)」 전문

시의 질문은 삶이 '통속'임을 전제한다. 통속은 '세상에 널리 통하는 일반적인 풍속' 외에도 '비전문적이고 대체로 저속하며 일반 대중에게 쉽게 통할 수 있는 일'이라는 의미가 있다. 시에서의 '통속'은 두 번째 해석, 중에서도 특히 '일반 대중에게 쉽게 통할 수 있는 일'이라는 데 힘을 싣는다. 이어지는 1연의 중장은 분단으로 헤어진 사람들의 정서를 담아 인기를 끌었던 트로트 곡의 제목이자 가사, 그리고 1960년대 중반 개봉되었던 영화 주제가의 제목이자 가사를 언급한다. 대중가요 중에서도 사람들의 뜨거운 사랑을 받았던 가요의 노랫말을 차용함은 "저마다 다 다른 적나라한 삶의 이력"이 통속적이고 "뻔한" 이야기라는 선입견에 선을 긋기 위함이다. 통속을 옹호하며 '사는 게 다 그런 거'라는 식의 적당한 위로를 하려는 의도가 아니다. 단적으로 말하면 통속적인 세상과 통속과 무관해 보이는 시는 별개의 존재가 아니라는 것, 삶의 통속을 간과할 때 시는 공허한 언어의 조합에 불과함을 직시해야 한다는 의미다. 이는 통속적인 삶 속에서의 시와 시인의 존재 방식에 관한 진술이다. 해서 "뻔하지만 뻔하지 않은" 사연은 저마다의 유일성으로 시인의 '심금(心琴)'을 울린다. 이와 같은 인식에는 타인의 삶을 엄격하고 인색하게 대함을 지양하는 판단 정지와, 대상에게서 시적인 유일성을 발견하려는 긍정적 태도가 투영되어 있다. 그리고 이때 시어를 "심금(心襟)에 앉"히는 일은, 시의 방향성이자 시인의 행복한 능력이다.

> 무장을 강요하는 이 무장한 시대에
> 무장에 무심한 변방에 사는 이가
> 일상을 한 장씩 넘기며
> 힘을 빼고 쓰는 시

> 가벼운 일별로만 쓰윽 읽어내도
>
> 밖을 겨눈 칼끝 거두는 비무장을 위해서
>
> 칼보다 강하다는 펜,
>
> 그 펜을 벼린다
>
> ―「시인의 변명」 전문

  시어를 "심금(心襟)에 앉"히는 일. 시인에게 시작(詩作)은 허세 가득한 제스처나 시에 대단한 권위를 부여하는 초월적 행위가 아니다. 시인은 "세상"이라는 "책장 넘기며 더듬는 삶의 지문"을 형상화하기 위해 자발적으로 감금된 "수인"(「수인번호 3612」)이거나, 혹은 세상의 중심에서 한참 벗어난 방외인이다. 그는 자신을 일컬어 "변방"에 사는 이로서 "일상"을 정시하면서 "힘을 빼고" 시를 쓴다고 고백한다. 일상을 정시한다는 건 시와 통속을 구분하지 않듯, 시와 사회, 문학과 현실 사이의 완강한 분리를 거부한다는 뜻이다. 나아가 "무장을 강요하는 이 무장한 시대에" 힘을 빼고 시를 쓴다는 것은 일체의 부자연스러운 행위, 즉 인위적 현란함을 배제한 무위의 어눌함으로써 현실을 부정하려는 반란성을 지닌다.

  문학적 무위의 시도는 "칼보다도 강하다는 펜, 그 펜을 벼"려야 하므로 역설적인 기원에 해당한다. 아마도 시인이 펜을 벼린다는 의미는 무장과 무위의 경계를 무화시키는 것이 아니라 그 경계를 설정하던 최초의 순간으로 영원히 되돌아감을 지시할 터이다. 세상의 무장을 버리기 위해서 문학적으로 무장하는 역설의 미학. 우리는 「시인의 변명」을 이렇게 다시 읽을 필요가 있는 것이다.

2.

김제숙의 시는 유쾌하고 발랄하다. 그리고 통쾌하다. 유쾌하고 발랄한 느낌은 일차적으로 역동적이고 재기가 넘치는 시적 상상력에서 비롯한다. 자연 사물에 대한 인상을 형상화할 때 특히 이런 점이 두드러진다. 실상 정형시에서 사물에 대한 묘사는 전형성을 띤 장면을 정형적 율격에 맞추기만 할 뿐이어서 상투적 한계에 머무르는 경우가 다반사다. 사물에 대한 새로운 감수성으로써 진부함을 극복하려는 노력이나 별다른 고민 없이, 안타깝게도 정형성이라는 형식적 특징을 만족시키는 데 그치고 마는 것이다. 그러나 김제숙의 시는 낯선 사유와 감각으로써 자연 사물에 신선한 환기력을 부여한다.

  복면 쓴 자객의 잘 벼린 비수이거나

  미처 꺼내지 못한 몸속의 불씨이거나

오래전 미리 써두었던 붉은 묘비명이거나
—「그 여름의 맨드라미」 전문

울면서
잠든 밤

투구 쓰고
나타났다

고향집 꽃밭에서
보초 서던 근위병

아버지,
언제나 내 편이던

생시인 듯
환한 웃음
—「맨드라미」 전문

두 편의 시는 맨드라미라는 동일한 자연물을 형상화했음에도 사유와 이미지는 매우 이질적이다. 전자가 시인의 정념이 투영된 강렬한 감각으로 다가온다면, 후자는 개인적 서사와 관련한 시인의 내면이 제시됨으로써 애틋한 감동을 선사한다. 거칠게 말해 두 작품은 전혀 다른 감각을 불러일으킨다. 개성적 표현이라는 점에서 주관적 묘사의 성격이 강한 「그 여름의 맨드라미」는 파편적 영상을 병렬한 이미지가 화자의 전언을 대신한다. 그와 대조적으로 「맨드라미」는 인격화된 꽃의 동화적 이미지가 어린 시절 아버지를 추억하는 화자의 사연을 개연성 있게 거들 따름이다. 전자의 맨드라미가 붉고 뜨거운 감각으로 새로운 시적 사유와 감정을 전달하는 매개체로 기능한다면, 후자의 맨드라미는 정서적 울림과 같은 내적 세계의 미묘한 감응으로 우리를 이끈다. 이처럼 시인에게 다른 정서와 다른 감각으로 형상화할 동일한 사물은 있어도 불모의 상태로 고정된 사물은 없다. 무엇보다 그의 시는 역동적이고 재기발랄한 상상력을 자랑한다. 다음의 시를 살펴보자.

> 쥐도 새도 모르게 조달된 군자금으로
> 몸피를 부풀리며 세력을 확장한다
>
> 이때를 기다려왔다,
> 일시에 전면전이다
>
> 쏟아지는 봄볕에 경계가 헐거워져
> 닫아건 몸의 빗장 거짓말처럼 무장해제

마음을 놓쳐버렸다,

황홀한 봄의 전쟁

—「벚꽃, 만개하다」 전문

　이 시의 화자는 단일하지 않다. 시는 각각의 시점을 동시에 나타냄으로써 대상을 입체적으로 노래한다. "일시에 전면전"을 벌일 기회만을 호시탐탐 노려온 1연의 화자와, "봄볕"에 그만 경계가 느슨해져서 "황홀한 봄의 전쟁"을 맞이하게 된 2연과 3연의 화자는 만개한 벚꽃을 은유하는 "전면전"을 놓고 각각 공격과 수비의 양상을 취한다. 하지만 이 수상쩍은 대치는 전쟁이 아니라 환희가 가득한 소동이다. 운동회 날 청군 백군으로 편을 갈라 콩주머니를 던져 박을 터뜨리기에 신이 난 초등학교 아이들처럼, 신나고 활기찬 이미지다. 이미지는 실재하는 상상력인 동시에 시인의 시적 경험이 재현된 것이기도 하다. 그런즉 "마음을 놓쳐버"린 건 봄날의 정서에 한껏 취한 시인이다. 만개한 벚꽃에 대한 천진한 감상을 전면에 내세운 김제숙의 시는 이렇듯 유쾌하고 발랄하다.

　언 땅에서 돋아나는 새싹은 "흰 무명 불끈 말아 쥔" 민중의 "눈부신 맨주먹들"(「민중, 봉기하다」)이다. 팔월은 "신열을 지우며 가는/그 여름의 뒷목"(「팔월」)이고, 구월은 "육필 편지 같은 계절"(「구월」)이며, 십일월은 "몇 계절을 걸어온 발 부르튼 바람"이 "마른 혀 씹어가면서 자술서"(「십일월」)를 쓰는 시간이다. 누구라도 자연스레 공감할 만하지만 시인 특유의 시선이 있기에 가능한 표현들이다. 김제숙의 시는 간결한 묘사와 선명한 이미지로써 사물에 대한 낯선 발견을 드러낸다. 더하여 그의 시는 '단도직입'의 통쾌함까지 겸하고 있다.

>마음이 살지 않는 빈집은 철거합니다
>진심 없는 간보기는 과감히 사절합니다
>포장만 요란한 사랑은 영원히 결별입니다
>
>여적 못 꺼낸 마음 버스 그만 떠납니다
>쟁여놓은 시간들 유효기간 코앞입니다
>인생은 리바이벌이 없습니다, 결단코!
>―「경고」전문

이 시를 이해하기에 앞서, 김제숙의 시에 유독 전쟁 이미지나 '민중의 항쟁'과 관련한 어휘가 자주 등장함을 주목할 필요가 있다. 전장의 이미지나 민중의 항쟁과 관련한 어휘들은 사회정치 운동의 역사에서 유래가 오랜 것들이다. 이러한 것들이 시대착오적이라는 지적은 공연한 트집이다. 김제숙 시에서 전쟁과 항쟁은 지극히 개인적이고 내면화된 시적 형식이기 때문이다. 그렇다면 시인이 인식하는 세계는 포탄이 터지는 전장처럼 치열한 곳, "양육강식"의 "세상"이자 "내몰린 싸움터"(「ON」)이다. 세상이 이러할진대 그가 두둔하고 싶은 사람은 삶의 주체로서 항쟁의 방식을 선택한 이들임이 분명하다. 반대로 그가 타박하고 싶은 사람은, 미덥지 않은 기회주의자이거나 핑계를 대며 미적대는 심약한 자다. 그가 보기에 기회주의자가 되거나 심약하게 구는 것은 '마음'이 없어서이다. 진심을 가진 사람은 생에 책임을 지고, 매사에 진지한 자세로 살아갈 것이다. 이는 엄혹한 자기검열을 수반하는 스스로에 대한 경고일 가능성이 크다. 세상과 자신에게 '경고'를 날리는 공격적 태도가 김제숙의 시세계 전체는 아니지만, 시인은 이 통쾌한 자세를 포기하지 않을 것이다. 결단코!

3.

김제숙의 시에는 피와 온기가 돈다. 사람 냄새를 맡을 수 있는 시, 공감의 크기가 큰 시라고도 할 수 있다. 그의 시에는 "사팔뜨기"인 외숙모가 "헤퍼서 빌어먹을 년"이라는 시아버지의 불호령을 무릅쓰고 끓여주던 어린 시절 "닭죽"(「영천 외숙모」)의 미각이 생생하고, "한평생 해소 천식 달고 사신 친정엄마"를 안타까워하는 서늘한 회한(「늙은 냉장고」)과, "발밑 허물어져 기우뚱 서 있던 날" 먹여주던 "더운 밥 한 그릇"과 "수면제 반 알"(「어떤 위로」)에 얽힌 아픈 감사가 남아 있다. 사랑을 받아본 사람은 "늦은 밤 울먹이는 전화"에다 대고 "괜찮다 다 괜찮다"고 위로할 줄 안다. "두세 평 고시원에 유배당한 젊음"이 안타까워 팔릴 "기약 없는" 좌판 위의 "햇사과"(「청춘 한 봉지」)를 한 봉지 덥석 사 들고야 마는 가슴 울컥한 동정심이 그런 사람에게는 존재한다. 다음의 시는 어떤가? 이 시는 '저마다'라는 제목에서 드러나듯 「뻔하지만 뻔하지 않은—시작(詩作)」과 내용상 유기적이다. 시는 맨몸으로 '생'을 건너는 주체들에 대한 연민으로 가득하다.

    옷의 속살에는 바늘의 흔적이 있다 새들의 뼛속에는 바람의 지도가 있다 잘 마른 마음 들치면 한뎃잠 냄새가 있다

    말간 얼굴에는 눈물 젖은 시간이 있다 움켜쥔 지문에는 헤쳐 온 파도가 있다

    저마다
    발목을 적시며
    맨몸으로
    건너는
    생

—「저마다」 전문

"바늘의 흔적"과 "바람의 지도", "한뎃잠 냄새" 등은 저마다의 생이 감당해야만 했던 슬픔과 고통의 흔적들이다. 땀에 젖어 "소금 절은 이마"(「숲에 대한 예의」)가 되기까지 생은 한없이 고단하다. "허기진 생존"은 "절며절며" 저 아득한 "변방" 같은 "섬"(「달방 있어요」)에 도착할 따름이다. 아래 인용 시는 아예 생존의 방식을 정면으로 다루고 있다.

    극동의 한쪽 나라
    화면 밖의 한 여인
    허공에 떠다니는
    말들을 건져다가

    끈질긴 허기 달래려
    글밥을 짓고 있다

    씻어 걸어둔 맨발을
    새벽이면 꺼내 신고
    아직도 엎드려
    아픈 소리 내는 길을

    흔들어 깨워서라도

가야 할 세계가 있다
　　　　　　―「생존의 방식」부분

 극동의 여인이 가진 생존의 방식 역시 앞서의 '맨몸'과 다르지 않은 '맨발'이다. '맨몸'이나 '맨발'은 연약한 주체가 걸어가는 생의 고단함을 함축하는 시어들이다. 뿐만 아니라 "허공에 떠다니는/말들"과 화자의 "끈질긴 허기"는 결핍이란 부분에서 달라 보이지 않는다. 이렇게 보면 김제숙의 시는 마땅히 정서가 비극적이고 비관적이어야 하는데 이상하게도 그렇지가 않다. 시는 보통 근원을 알 수 없는 상실감과 우울증을 호소하기 십상이지만 그의 시는 비교적 이러한 '증상'으로부터 먼 것이다. 시인의 시에는 세상을 유머러스하게 바라보는 특유의 밝은 감각이 들어 있다. 자신의 시 창작을 "늦게 배운 도둑질"(「수인번호 3612」)이라는 관용적 우스개로 표현하거나, 병원비로 돈을 지출하는 이유가 "통장의 숫자들이 살짝 무거워"(「불청객 접대비」)져서라고 너스레를 떨 때 그의 시는 툭툭 농담을 던지는 가벼운 표정을 짓는다. 이러한 감각의 이름은 "홀가분해서 오히려 충분"(「홀가분해서 오히려 충분한」)하다고 이야기하는 시적인 여유다. 이 여유로부터 김제숙 시의 웃음과 재미가 탄생한다.

　시인 영감이 쓴 시집 한 권 읽었더니

그토록 기다리던 영감이 다가왔다

이 영감 잘 품었다가 낳고 싶구나, 멋진 시!
—「수상한 태기」 전문

위의 시에서 나이가 많아 중년이 지난 남자를 대접하여 이르는 말인 초장의 영감(令監)은 중장과 종장에서 창조적인 일의 계기가 되는 기발한 착상이나 자극을 뜻하는 영감(靈感)으로 변주된다. 초장에서 "시인 영감이 쓴 시집"이라고 했고, 시집을 읽은 후 "기다리던 영감이 다가왔다"고 했으니 맥락상 동음이의어를 활용한 언어유희는 아닌 듯도 싶다. 하지만 앞뒤의 문맥을 고려해서 사전적 의미 그대로 단어를 이해하려 해도 영감(靈感)을 품는 창조 행위와 영감(令監)과의 낯 뜨거운 장면이 겹쳐서 연상된다. 그러니 웃지 않을 도리가 없다. 시를 읽는 우리의 얼굴이 웃음 띤 표정을 지을 수 있다면, 그것은 시를 읽는 우리의 영혼이 웃는 것은 아닐까? 이런 시를 읽노라면 시를 쓴 사람이 당시에 가졌을 어떤 명랑한 기운이 느껴진다. 그 기운은 팍팍한 일상을 살아가는 우리들로 하여금 힘을 빼고 낄낄거리게 만드는 시적인 여유와 멋이다. 그리고 그 여유와 멋은 창작자로서의 욕심을 내려놓고 비우는 데서 발생한다.

토씨 하나도 아까워

쟁여두던 시절 지나

어제는 형용사

오늘은 부사와 결별

몇 개의

동사만으로

오히려

충분한 삶

　　　　　—「홀가분해서 오히려 충분한」 전문

　정제된 형식 미학을 자랑하는 정형시에서 시어를 절약하는 일은 전략적인 쓰기에 필수적이다. 그렇더라도 이 시에서의 '충분'이 정형 양식의 자질을 잘 갖추었다는 의미로 여겨지지는 않는다. 시인은 "어제는 형용사/오늘은 부사와 결별"했다고 말한다. 형용사는 상태와 성질을 나타내는 품사이고, 부사는 용언을 꾸며주는 품사다. 그런즉 "몇 개의/동사만으로" 충분하다는 말에는 화려한 기교나 수사 없이, 아무런 주관적 해석도 가하지 않은 채, 진정성 가득한 시만 쓰겠다는 시인의 고

백이 담겨 있다. 통속을 배제하지 않으려던 시의 출발은 결국 시적 진정성으로 귀결되는 것이다.

지금까지 『홀가분해서 오히려 충분한』에 드러난 김제숙 시의 몇몇 양상을 살펴보았다. 이번 시집을 통해 표출되는 양상의 저변에는 작가 의식에 대한 의지가 견고한 점이 특징이다. 그러나 김제숙의 시를 한마디로 요약하기란 힘들다. 그의 시는 저마다의 생을 긍정하며 시어를 "심금(心襟)에 앉"히는 일에 집중한다. 또한 낯선 사유와 감각으로써 자연 사물에 신선한 환기력을 부여하거나, 세상의 무장을 버리기 위해서 문학적으로 무장하는 역설의 미학을 감당하기 위한 쓰기에 몰두한다. 한편으로는 창작자로서의 문학적 욕심마저 내려놓으려는 등 그 양상이 매우 다양하게 드러나기 때문이다. 이러한 과정에서 작가의 의식적 욕망은 쓰는 주체의 무의식적 욕망과 종종 충돌하고, 이 시집은 그 자체로 충돌의 흔적이자 표시의 집적물이다. 당연하게도 욕망은 가능하지만 욕망의 완성은 불가능하다. 그 불가능한 완성에 닿기 위한 부단한 시도가 앞으로 이어질 김제숙의 과제일 터이다.

시인동네 시인선 158

홀가분해서 오히려 충분한

ⓒ 김제숙

초판 1쇄 인쇄	2021년 9월 1일
초판 1쇄 발행	2021년 9월 8일
지은이	김제숙
펴낸이	김석봉
디자인	헤이존
펴낸곳	문학의전당
출판등록	제448-251002012000043호
주소	충북 단양군 적성면 도곡파랑로 178
전화	043-421-1977
전자우편	sbpoem@naver.com

ISBN 979-11-5896-524-2 03810

*이 책의 판권은 지은이와 문학의전당에 있습니다.
*양측의 서면 동의 없는 무단 전재 및 복제를 금합니다.
*잘못 만들어진 책은 바꿔드립니다.
*이 시집은 2021 문화도시 조성사업의 일환으로 문화체육관광부, 경상북도, 포항시, 포항문화재단의 지원을 받아 발간되었습니다.